Armin Täul

Der Bär ist los!

Bastel- und Handarbeiten
für Bärenfreunde

Frech-Verlag Stuttgart

Eine Auswahl weiterer Bücher zum Thema »Bären«

Armin Täubner
Echt bärig. Bärenszenen fürs Fenster aus Tonkarton.
Szenen, die jedes Bärenherz höher schlagen lassen, dargestellt in fröhlichen Bildern aus buntem Tonkarton. Bären beim Küssen, beim Ostereiersuchen, bei schwerer Arbeit, oder allein im Regen. Ein bäriges Vergnügen.
32 S., Farbf., Vorlagenbog.
TOPP 1593 ISBN 3-7724-1593-7

Armin Täubner
Bärenparade. Fensterbilder aus Tonkarton, kinderleicht.
Teddy, der gute Freund aller Kinder, in lustigen Szenen aus der schönen, geborgenen und bunten Bärenwelt: Bärenkinder beim Schlittenfahren oder beim Träumen auf einer Sommerwiese bis zum Bären auf dem Motorrad.
32 S., Farbf., Vorlagenbog.
TOPP 1576 ISBN 3-7724-1576-8

D.-M. Seyd
Stilvolle Teddys selber nähen
Star unter den Spieltieren ist der Teddy. Einerseits ist er aus verschiedenem Material herstellbar, andererseits hat er auch vielseitige Garderobenwünsche. Die Nostalgie ist mit im Spiel. 5 Schnittmusterbogen in Originalgröße mit Farbfotos und Anleitung.
Mappe DIN A 5
TOPP 1078 ISBN 3-7724-1078-2

Stand 1992

Auflage: 5. 4. 3. 2. | Letzte Zahlen
Jahr: 1996 95 94 93 92 | maßgebend

frech-verlag
ISBN 3-7724-1592-X · Best.-Nr. 1592
GmbH + Co. Druck KG Stuttgart · Druck: Frech, Stuttgart 31

Der Bär – Der gute Freund aus Kindertagen wird nie altmodisch. Jedes Kind bekommt irgendwann diesen Spielgefährten aus Plüsch und Stoff geschenkt, und er wird dann für viele Jahre zum Wegbegleiter. Viele Menschen läßt die Liebe zum Bär nie wieder los. Es gibt unzählige Plüschbären-Modelle, gefertigt mit den ausgefallensten Materialien wie Angora und Zobel. Sammler scheuen keine Mühen und Kosten, um besondere Künstler-Bären zu erstehen, die in limitierter Auflage erscheinen, sei es die exzentrische Bären-Diva mit Designer-Sonnenbrille oder der Weihnachtsmann-Miniatur-Teddy.

Im vorliegenden Buch gibt es auch ein Beispiel für einen Plüsch-Eisbären. Aber der Bär hat bereits viele weitere Bereiche erobert: Als Fensterbild erfreut er ebenso wie als Tischkarte oder Laterne. Er läßt sich im Kreuzstich überall aufsticken, wo es gefällt, als Garderobe sorgt er für Ordnung, und sogar ein Kerzenhalter mit Bärenverstärkung ist möglich. So können diejenigen, die schon alle Plüsch-Modelle besitzen, nun endlich selbst zur Teddy-Vermehrung in ihrer Wohnung beitragen.

Kinderstube

Am Bärenrumpf (durchgezogene Linie) zuerst beidseitig das Kleidungsstück (gestrichelte Linie) ankleben. Am runden Schnauzenteil vor dem Aufkleben das Mäulchen einschneiden und die Zunge hineinstecken. Anschließend wird das Schnauzenteil am Kopf fixiert. Augen und Nase mit Filzstift aufmalen.

Mit Plusterfarben (Pluster-Pen) werden nun dichte kleine Kringel auf den Kopf gemalt. Schnauze und Augen bleiben frei. Beim Plustern wird der Fön auf die heißeste Stufe geschaltet. Damit der Luftzug das Bärchen nicht wegbläst, wird es mit einem Stab oder etwas ähnlichem auf dem Tisch festgehalten. Gefönt wird schräg von der Seite. Der beste Fönwinkel muß durch Probieren herausgefunden werden. Ist die Farbe aufgequollen, wird das Kleidungsstück ebenso bemalt und gefönt. Nun werden die Vorder- und Hinterbeine aufgeklebt und ebenfalls bemalt und gefönt.

Badetag

Abbildung Umschlag-Vorderseite

In den Ausschnitt am oberen Wannenrand (durchgezogene Linie) den Bärenkörper (Strich-Punkt-Linie) legen, und beide Teile durch das aufgeklebte Schaumteil (gestrichelte Linie) miteinander verbinden. Anschließend wird das runde Schnauzenteil und die Schaumhaube am Bärenkopf fixiert. Mit einem schwarzen Filzstift das Bärengesicht und die Halbkreise auf die Ohren malen. Nun wird die Ente an der Bärentatze befestigt. Die Badewanne kann entweder auf die ovale Fläche (Fensterbild) oder auf das Kartonquadrat (Puzzle) geklebt werden.

Kletterbaum

Auf der Bodenfläche zuerst die Bärenmutter und die beiden Grasbüschel anordnen. Der anschließend angeklebte Kletterbaum (durchgezogene Linie) verdeckt teilweise die Bärin. Die Bärenkinder von vorne bzw. von hinten am Stamm und an den Ästen anbringen. Gesichter mit Filzstift aufmalen.

Überraschungs-Bär

Den 4,5 cm breiten weißen Kartonstreifen an den beiden gestrichelten Faltlinien anritzen. Anschließend wird der Streifen an der Faltlinie umgeklappt, das breiteste Stück zu einem Halbkreis geformt und zusammengeklebt.
Die Bodenplatte besteht aus einem Halbkreis (Radius 3,5 cm) mit sternförmig nach außen weisenden Zacken, die an der gestrichelten Linie (entspricht der Zirkellinie) nach oben geklappt werden. An den Halbkreis schließt sich noch eine schmale Klebefläche (0,7 cm breit) an, die ebenfalls nach oben geklappt wird. Die nach oben geklappten Klebeflächen der Bodenplatte am zusammengeklebten Kartonstreifen ankleben.
Die Bauchtasche am Bärenrumpf fixieren. Schnauzenteil und Schleife ankleben und das Gesicht aufmalen.

Hampelbären

Von allen Teilen Kartonschablonen anfertigen. Mit Bleistift werden die Umrisse auf roten bzw. weißen Karton übertragen. Vorder- und Hinterbeine jeweils doppelt aufzeichnen. Am Bärenhals die Schleife und am Kopf das weiße Schnauzenteil ankleben. Als nächstes wird das Gesicht aufgemalt.
Die Löcher am Rumpf und an den Gliedmaßen markieren und mit der Lochzange ausstanzen. An den Gliedmaßen befinden sich jeweils zwei Löcher, das große für die Klammer, das kleine für den Faden. Die Gliedmaßen mit Musterklammern beweglich am Rumpf anbringen. Auf der Rückseite die Vorder- bzw. die Hinterbeine jeweils mit einem Faden verbinden. Dabei hängen die Hinterbeine locker nach unten, während die Vorderbeine die Hinterbeine berühren. Anschließend wird der Zugfaden zuerst an der Verbindungsschnur der Hinterbeine und dann an der der Vorderbeine angeknotet. Jetzt fehlt am Kopf noch eine Öse für die Aufhängung.

Begegnung im Eis

Auf den weißen Rahmen (durchgezogene Linie) die graue und die hellblaue Fläche (gestrichelte Linie bzw. Strich-Punkt-Linie) kleben. Die Bären werden jeweils als ein Teil ausgeschnitten. Augen und Nasen mit einem schwarzen Filzstift aufmalen.

Angelika
Frohes Fest

Ein bäriger Engel

Auf den braunen Bärenkörper (Strich-Punkt-Linie) wird zuerst das weiße Kleid (durchgezogene Linie) und darauf Arm und Ärmel geklebt. Von hinten das Flügelpaar, das durch einen Schnitt geteilt ist, am Kleid fixieren. Nun wird das Bärengesicht aufgemalt und die Schleife angebracht. Anschließend den Bärenengel samt Sternstab und Wolke auf der Karte anordnen.

Bärenlaterne

Den Bärenkopf abpausen und auf dunklen Karton übertragen. Er wird zweimal benötigt. Nach dem Ausschneiden mit orangefarbenem und weißem Transparentpapier hinterkleben. Das Zwischenstück ist ein Kartonstreifen (42 cm x 14 cm). An den beiden Längsseiten mit Lineal und Cutter jeweils 1 cm vom Rand entfernt eine Faltlinie anritzen. Die beiden dadurch entstehenden Randstreifen werden zackenförmig eingeschnitten und umgeklappt. Nun die Zacken mit Klebstoff bestreichen und an den beiden Seitenteilen fixieren. In die Laternenmitte das Metallschälchen von einem Teelicht kleben. Die Löcher für die Drahtaufhängung am oberen Rand des Zwischenstückes einstechen oder ausstanzen.

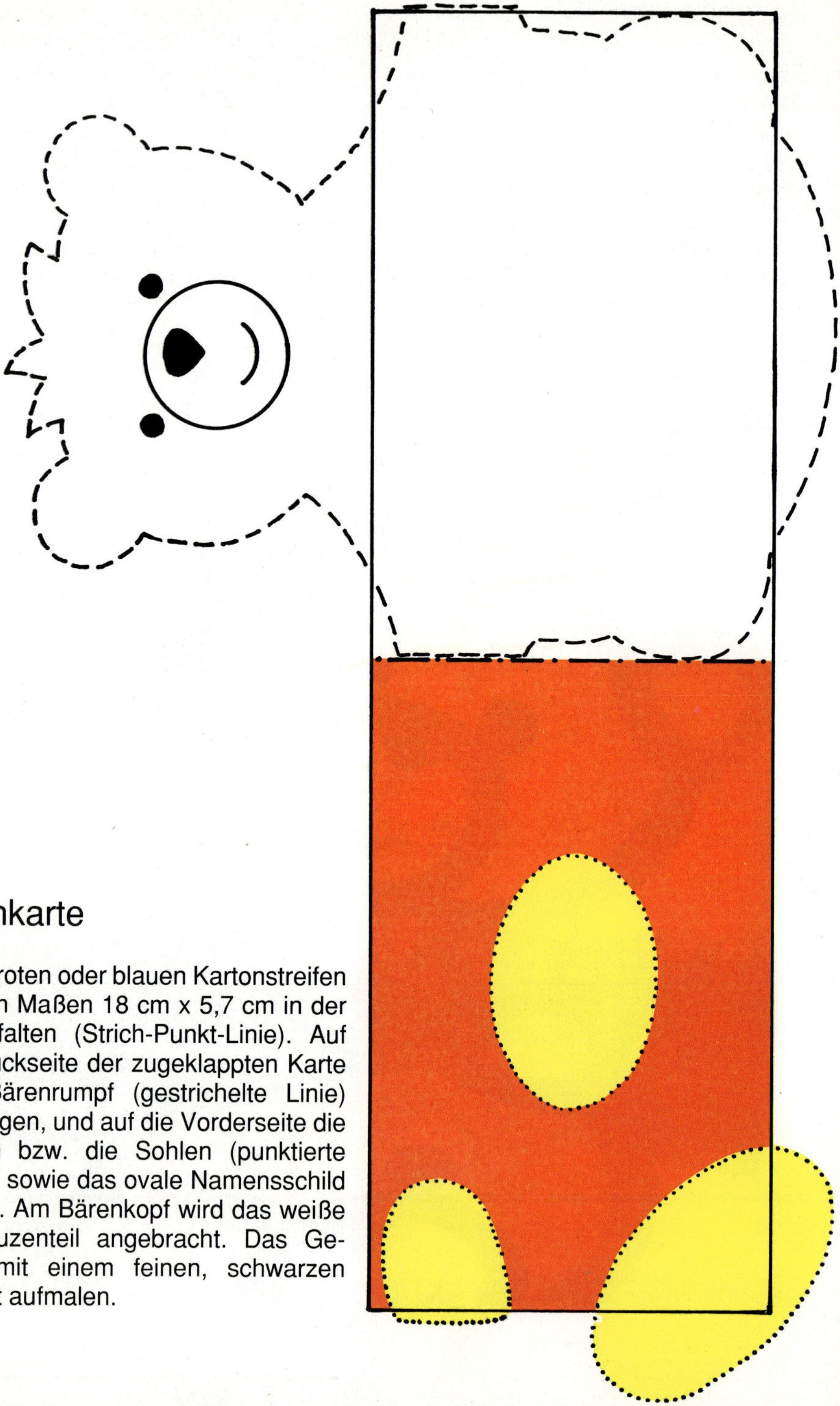

Tischkarte

Einen roten oder blauen Kartonstreifen mit den Maßen 18 cm x 5,7 cm in der Mitte falten (Strich-Punkt-Linie). Auf der Rückseite der zugeklappten Karte den Bärenrumpf (gestrichelte Linie) befestigen, und auf die Vorderseite die Tatzen bzw. die Sohlen (punktierte Linien) sowie das ovale Namensschild kleben. Am Bärenkopf wird das weiße Schnauzenteil angebracht. Das Gesicht mit einem feinen, schwarzen Filzstift aufmalen.

ANNA
OTTO

Bärenkerzenhalter

Bär und Bodenplatte abpausen und mit Kohlepapier auf ein gehobeltes, 15 mm dickes Fichtenbrett übertragen. Die Bodenplatte wird mit der Kreissäge ausgesägt. Anschließend werden die drei Bohrungen (3 mm – 20 mm – 3 mm) ausgeführt. Die beiden Bären mit der Dekupiersäge, oder auch mit der Stichsäge aussägen. Eventuell kleine Korrekturen mit der Feile vornehmen. Nun werden alle Teile, vor allem an den Rändern, mit Schleifpapier geglättet. Es folgt die Bemalung mit Plakafarben, eventuell auch mit Wasserfarben. Anschließend werden die Bären auf die Bodenplatte geschraubt. Zum Schluß wird der Kerzenständer mit Klarlack überstrichen.

Bärenanhänger

Von allen Teilen Schablonen anfertigen. Die Umrisse auf weißen und hellblauen Karton übertragen. Nach dem Ausschneiden werden die Teile wie auf der Schnittvorlage aufeinandergeklebt. Das Bärengesicht aufmalen und das Aufhängeloch einstechen oder mit der Lochzange ausstanzen.

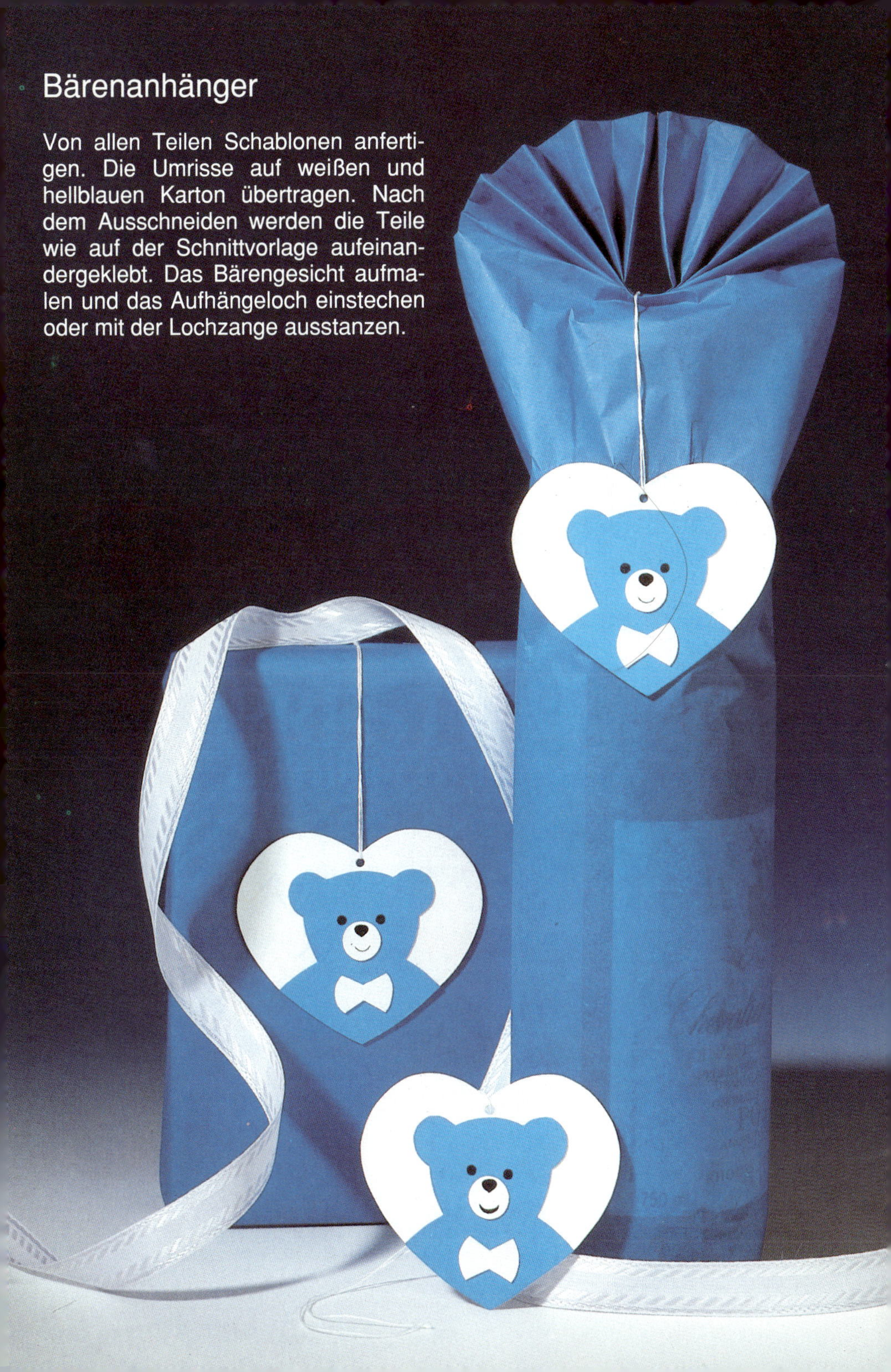

Bestickter Beutel

Hierzu wird beiger Zählstoff, 45 cm x 14 cm, und buntes Stickgarn benötigt. Den Stoff auf die entsprechende Größe zuschneiden. In der oberen Hälfte mit zweifädigem Twist über drei Fäden im Kreuzstich nach dem Zählmuster arbeiten. Das Säckchen zusammennähen und mit einer ca. 35 cm langen Kordel zubinden.

Eisbär

Rumpfteil und Bauchteil (Plüsch auf Plüsch) von 1 über Fußspitzen und Bauch bis zu 2 zusammensteppen. Mit dem anderen Rumpf- und Bauchteil ebenso verfahren. Beide Rumpfteile (Plüsch auf Plüsch) passend aufeinanderlegen und von 1 über Schnauze und Rücken bis 2 zusammennähen.

Beide Bauchteile bis auf einen 5 cm langen Füllschlitz zusammennähen. Das Tier wenden, stopfen und den Füllschlitz schließen.
Jeweils ein rosa und ein weißes Ohrteil aus Filz aufeinanderlegen, zusammennähen, wenden und am Eisbär annähen. Augen befestigen.

Transparentes Fensterbild

Die Konturen werden mit Bleistift auf Transparentpapier abgepaust. Anschließend das Transparentpapier mit dem Klammerhefter auf schwarzem Karton fixieren. Mit einer leergeschriebenen Kugelschreibermine die Konturen nachziehen, eine schreibfähige Mine würde durch den dabei ausgeübten Druck schon nach kurzer Zeit klecksen.

Wird das Transparentpapier entfernt, ist erkennbar, daß sich das Motiv in den Karton eingedrückt hat. Nun kann das Fensterbild ausgeschnitten werden. Weil das schwarze Kartonmotiv für Vorder- und Rückseite doppelt benötigt wird, kann unter den Karton mit dem eingedruckten Motiv ein zweiter Karton geheftet werden. Jetzt das Motiv aus beiden Kartons gleichzeitig herausschneiden. Dies erfordert zwar mehr Kraft, hat jedoch den Vorteil, daß beide Teile identisch sind. Beim Herausschneiden mit den kleinen Innenflächen beginnen.

Zum Schluß wird der äußere Rand mit der Schere ausgeschnitten. Es folgt das Hinterkleben eines Teils mit buntem Transparent- oder Seidenpapier. Zum Schluß wird das zweite schwarze Motivteil aufgeklebt, das die Klebestellen verdeckt.

Sterngucker

Mit dem Zirkel wird auf blauen Karton ein Kreis (Radius 10,5 cm) gezeichnet. Die Kreisscheibe ausschneiden und die Schneefläche (gestrichelte Linie) aufkleben. Anschließend werden Eisbär und Sterne angeordnet und fixiert. Nase und Auge des Bären mit Filzstift aufmalen. Abschließend die Schneeflocken anbringen.

Familie Bär

Von den Bären Schablonen anfertigen. Die Umrisse auf braunen Karton übertragen. Alle Bären entlang der gestrichelten Faltlinie anritzen. Jeweils zwei Bärenteile werden oberhalb der Faltlinie ganzflächig zusammengeklebt. Bei einigen der Bären müssen zusätzlich die Vorderbeine angebracht werden. Die Gesichter mit Filzstift aufmalen.

Weitere Zeichnungen auf dem Vorlagenbogen.

Flirt im Eis

Von allen Teilen Kartonschablonen anfertigen. Die Umrisse mit Bleistift auf weißen, blauen und roten Karton übertragen. Nach dem Ausschneiden zuerst den Eisblock (Strich-Punkt-Linie) auf das blaue Herz kleben. Mit einem schwarzen Filzstift Augen, Nase und Mäuler auf die Eisbärenköpfe malen. Anschließend werden die beiden Bären auf dem Eisblock bzw. im Wasser plaziert. Über den Köpfen noch zwei rote Herzen anbringen.

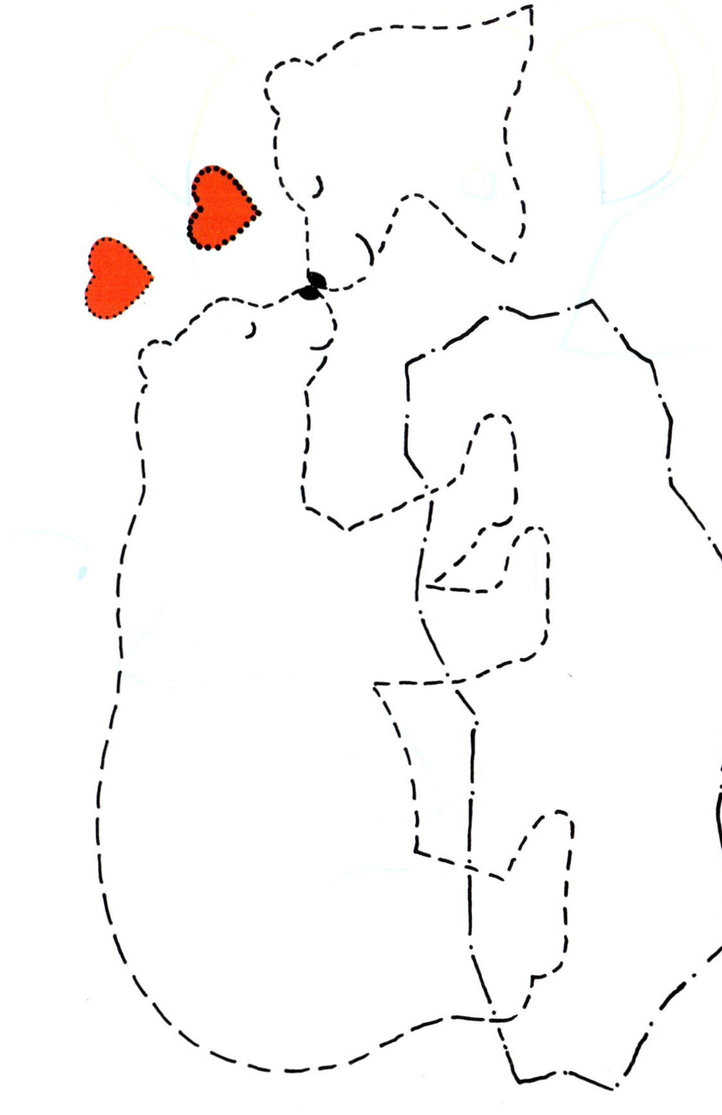

Bär mit Inhalt

Zwischen den beiden Bärenhälften befindet sich eine mit grauem Papier oder Karton beklebte Span- oder Käseschachtel. Die Größe des Bären wird der Größe der Schachtel angepaßt. Mit dem Fotokopierer kann der Bär auf die gewünschte Größe gebracht werden. Die Strich-Punkt-Linie auf der Schnittvorlage zeigt, wie groß die Dose im Verhältnis zum Bären sein soll. Das Gesicht, die weißen Innenohren und den Bauchfleck auf den Bärenkörper kleben und den Bär auf der Spanschachtel befestigen.

Bärengarderobe

Den Bär samt den Mittelpunkten der Bohrlöcher abpausen und mit Kohlepapier auf 15 mm dickes gehobeltes Fichtenholz übertragen. Mit einer Dekupier- oder einer Stichsäge den Umriß nachsägen. Anschließend werden die Bohrungen (3 mm, 8 mm, 8 mm, 8 mm, 3 mm) ausgeführt. Die Ränder mit Schleifpapier glätten. In die großen Bohrungen werden 8 cm lange Rundholzstäbe oder Holzdübel eingeleimt. Die Bemalung erfolgt mit Plakafarben. Anschließend wird die Garderobe mit Klarlack überstrichen.